AF314432

LES TABLEAUX DU LOUVRE,

OÙ IL N'Y A PAS LE SENS COMMUN,

HISTOIRE VÉRITABLE.

OR, maintenant, veillez, graves Auteurs,
Mordez vos doigts, ramez comme Corsaires,
Pour mériter semblables Protecteurs,
Ou pour trouver de pareils Adversaires.
JEAN-BAPT. ROUSSEAU, Epig.

Prix 12 sols.

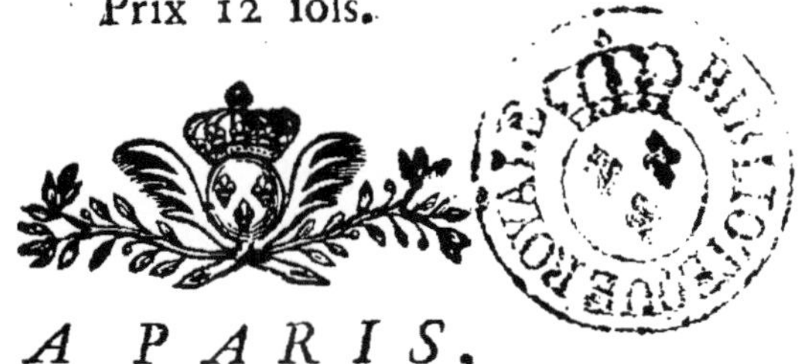

A PARIS,

De l'Imprimerie de CAILLEAU, rue Saint-Severin.

M. DCC. LXXVII.

Avec Approbation & Permission.

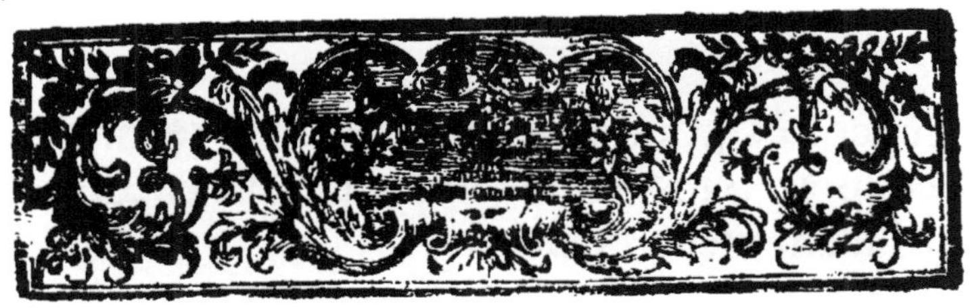

LES TABLEAUX DU LOUVRE.

CHAPITRE PREMIER.

Vous allez voir,

DISAIT M. Valentin, en descendant de fiacre, à sa fille fort jolie & à sa femme qui croyoit l'être ; vous allez voir. Je ne vous fais pas quitter la boutique un jour ouvrable, & je ne vous amène pas pour rien de la rue Saint-Denis aux Tableaux du Louvre : je m'en vais vous les expliquer de façon que vous les saurez tous par cœur ; laissez-moi faire, je m'y connois. Je le crois bien, Papa, répondit modestement la petite Julie. Mon Dieu ! mon mari, dit Madame Valentin, nous prenez-vous pour des buses ? Gardez vos explications pour vous, je n'en ai que faire ; j'ai des yeux pour voir, du goût pour juger, & je jugerai fort bien : car je m'y connois. Sans doute, maman, dit encore Mademoiſelle Valentin.

En raiſonnant de la ſorte, on traverſe précipitamment la cour, on ſe promet d'examiner les quatre Statues en deſcendant; & vîte on monte au Sallon.

Ah ! que cela eſt beau ! cria Madame Valentin, du plus loin qu'elle apperçut des couleurs, que de bleu ! que de vert ! que de rouge ! tiens, mon mari ! ce payſage ! ma fille, ce portrait ! la belle tête ! le beau point de vue ! la bonne figure ! & les cadres donc ? comme ils ſont bien dorés ! Ah ! que cela eſt beau, diſent-ils, & tous trois reſtent en extaſe ſur l'eſcalier.

CHAPITRE II.

Où dînerai-je ?

UN peu plus haut, le Chevalier de Crac attendait triſtement que le haſard le liât avec quelque Société honnête. Je joue de malheur, diſait-il entre ſes dents : le Sallon s'ouvre a la Saint-Louis, & ſe ferme à la Saint-Michel ; je me croyais hors du régime pour ſix ſemaines : j'avais acheté le Livre des Explications, c'était fur lui que je fondais mon efpoir, à peine m'a-t-il valu huit dîners en quinze jours. Encore aujourd'hui il n'y a rien à faire ici : où dînerai-je ? où dînerai-je ?

Il en étoit là de fes triftes réflexions, lorfque levant les yeux il apperçut M. & Madame Valentin où nous les avons laif- fés : bafte, tout n'eft pas perdu ; *vivat !* voici de mes gens, je m'y connois : il ap- proche, il entend Madame Valentin qui revenoit de fa fyncope. Il n'y a rien comme ce Sallon, difoit-elle ; c'eft un Palais en- chanté ! c'eft le Paradis ! Madame a rai- fon, reprit le Gafcon ; c'eft le Paradis , car on a bien de la peine à y monter ; & fur le champ il offre fon Livre à Monfieur, fon bras à Madame , tire fa révérence à Mademoifelle, & demande la permiffion de faire avec la compagnie le tour du Sallon. Il s'y prit de fi bonne grace, que nos Bourgeois fe crurent fort honorés , & voila le Gafcon intrus.

CHAPITRE III.
La Rencontre qui fait plaifir.

A peine avait-on fait quelque pas dans la Salle, que le Chevalier les arrêta tout court devant un grand Tableau : voilà le Roi. Non, dit M. Valentin, votre Livre en a menti ; je connais mieux le Roi que lui, il ne reſſemble point du tout à cela. Eh ! tenez, je vois quelqu'un qui nous en dira ſon avis : c'eſt mon couſin l'Abbé Michel avec ſon Elève. C'eſt un ſçavant lui, & qui s'y connaît ! abordons-le ; vous allez voir.

On joignit l'Abbé Michel ; tout le monde fut charmé de la rencontre. M. Valentin prouvoit au Chevalier qu'il connaiſſait un homme de mérite : l'Abbé trouvait l'occaſion de pérorer ; Madame Valentin avait un courtiſan de plus ; le jeune de Verville donnait la main à une jolie perſonne qui la recevoit avec plaiſir, & le Gaſcon diſait tout bas : on ne ſe ſéparera pas ſans boire un coup.

Après les complimens ordinaires, on revint au Portrait du Roi, & l'on décida qu'il étoit bien peint, mais peu reſſemblant ; ce qui déplut, ſur tout au jeune homme, ce fut de voir ſon Prince iſolé au milieu de la pompe royale : tous les momens de ſa vie ſont ſi intéreſſans ! ne pouvoit-on en choiſir un ? Oui, dit M. Valentin, le peindre, par exemple, au milieu de ſes bons amis ? Au milieu de ſes bons amis, reprit le Chevalier :

comme vous y allez ! il auroit fallu mettre toute la France dans le Tableau.

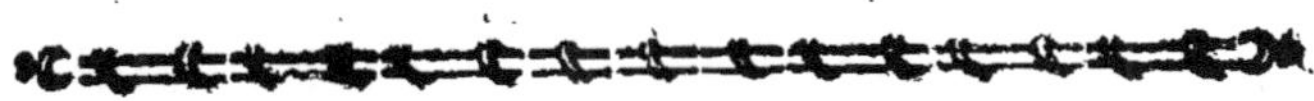

CHAPITRE IV.

L'ordre est bon quand on en peut mettre.

FAITES attention à ceci, dit gravement l'Abbé Michel. Avant de commencer, je suis d'avis de convenir de l'ordre que nous devons garder dans notre marche : distinguons, sous-distinguons ; divisons, sous-divisons, sans cela tous nos jugemens ne feront qu'un amas d'idées incohérentes. Il faut de l'ordre, vous dis-je, il en faut : remontons aux grands principes. Le genre, selon Porphyrius & toute la Philosophie, comprend les espèces, & chaque espèce les individus : sans doute, interrompit M. Valentin qui croyait entendre quelque chose au discours de l'Abbé : oui, ajouta Madame qui s'en lassait ; mais je crois voir M. le Président d'Ormesson ? C'est lui-même, répondit le jeune Comte : on a eu tort d'exposer ici une foule de Portraits qui ne peuvent intéresser le Public, mais plus d'une famille verra celui-ci avec plaisir.

A iv

Je vous ai déjà obfervé qu'il falloit de l'ordre, reprenait l'Abbé, quand Verville l'interrompant : eh ! mon cher M. Michel, oui, l'ordre eft bon ; mais c'eft quand on en peut mettre : tous les Tableaux font confondus fans diftinction de genre & d'efpèces, comment nous y retrouver & fuivre une méthode ? Il nous faudroit plus de tems que nous n'en avons à donner. Tout bonnement, & fans grands mots, convenons de nos faits. Pourquoi fommes-nous au Sallon ? Pour juger du talent des Artiftes. En quoi confifte ce talent ? A connaître la Nature & à l'imiter ; tout fe réduit , je penfe , à ces deux points. Pour décider s'ils font obfervés dans les Tableaux que nous allons voir, quelle fera notre règle ? que faut-il ? Du bon fens. Et de l'âme , ajouta la naïve Julie, en baiffant les yeux ; Verville la regarda , & fentit qu'il avait l'un & l'autre.

Optimè, s'écria l'Abbé Michel, en s'adreffant aux jeunes gens : le fentiment éclairé par la raifon peut feul juger les productions du génie. Tout le monde loua M. l'Abbé d'avoir fait un Elève fi inftruit , & qui parlait fi bien. Mais le jeune homme fut plus fenfible à un fourire de la charmante Julie , que fon Maître ne fût vain des complimens de la bourgeoife Société.

CHAPITRE V.

Ne plaisantons pas.

VOILA, dit le Gascon, un tableau d'histoire dont je ferois un paravent : il ressemble à des figures Chinoises : c'est Cimon l'Athénien qui fait abattre des murs de ses possessions, & qui invite le peuple à entrer librement dans ses jardins & a en prendre les fruits. J'aime ce Cimon, dit M^e. Valentin, de s'être comporté de la sorte : à présent on n'entre pas si aisément dans un jardin, & il n'y a pas long-tems que le Suisse des Thuileries me refusa la porte, parce que j'étois en Caraco. Comment, Madame, reprit vivement le Gascon, n'aviez-vous point d'homme avec vous ? Ou quel étoit le fat qui vous donnoit la main ? —C'étoit mon mari.

Les vergers de Cimon n'étoient pas trop garnis, poursuivit Mlle. Valentin : je n'y vois qu'un arbre isolé ; vous avez raison, ajouta le jeune homme ; il semble qu'on ait voulu diminuer la générosité de l'Athénien.

Ce tableau me paroît sur-tout manquer par la distribution. Le sujet certainement n'en est pas heureux : mais puisqu'on vouloit le traiter, que ne peignoit-on un verger touffu & chargé de fruits ; d'un côté du tableau un mur en partie abattu : Cimon donnant des ordres aux ouvriers qui achevent de le démolir, & montrant les arbres au peuple qui se précipite en foule par la brèche, tandis que quelques-uns sont occupés à cueillir des fruits & à en remplir des paniers. Quelques détails avec cela, & votre tableau dira quelque chose.

Près de Cimon, sont des traits de l'Histoire de deux Héros Français. Je vais vous les lire. Quand il eut fini ; bon ! s'écria M. Valentin, je n'aurais jamais deviné ces sujets-là : dans celui de du Guesclin, la figure du mort est la plus animée du tableau, & Bayard offre sa bourse de façon à laisser croire qu'il veut donner à la petite fille envie de la gagner. Il la pese avec complaisance ; la mere encore a l'air de jouer là un rôle fort mal-honnête. —Taisez-vous donc, mon mari, toujours des indécences.

Tous ces tableaux là seroient bons à refaire, disoit Verville, & Julie pensait comme lui.

Il falloit, par exemple, peindre le moment même où Bayard sut se vaincre ; j'aurois placé un lit dans un coin du tableau, sur le devant la jeune fille en pleurs aux genoux du Chevalier qui la releve

d'une main , & de l'autre ouvre la porte
de la chambre. Par cette porte, la vue de
quelques personnages auroit servi à ras-
surer la pauvre enfant ; & la sécurité re-
naissante sur son visage à travers sa rou-
geur & son trouble, les yeux du Chevalier
animés d'un reste de desir que la joie d'une
bonne action commence à modérer , auroient suffi pour me faire entendre de
toute ame sensible.

CHAPITRE VI.

L'Admiration.

ON laissoit le jeune homme se perdre
dans les fantômes de son imagination, &
tous les yeux étoient descendus sur les deux
tableaux placés aux côtés du Roi:on y resta
quelque tems en extase ; le Soleil couchant
fut sur-tout admiré : le Gascon assura que
dans ses voyages il avoit essuyé plusieurs
tempêtes, & que celle de M. Vernet le feroit
trembler, si l'on pouvoit être de son pays &
avoir peur : l'Abbé Michel cita quelques
vers des tempêtes d'Homere & de Virgile ,
& l'on y trouva un air de ressemblance
avec le tableau ; bref on conclud que M.
Vernet étoit le plus grand Peintre du siecle.

(12)

Ceci me paroît fort, dit Verville, & mérite quelque adouciſſement. M. Vernet, j'en conviens, ſaiſit & rend bien la nature, mais la nature froide & inanimée: jamais une paſſion émue, jamais un grand mouvement n'a fait le ſujet de ſes tableaux. Pour moi, je penſe que les flots ſoulevés ſont plus aiſés à peindre qu'un homme en colere : d'après cela, je dis de cet Artiſte, qu'il excelle dans ſon genre, mais que ce genre n'eſt pas celui du génie. Je crois en voir beaucoup, continua-til, dans ce grand Tableau à droite : ce ſont les adieux de Polixene à Hécube. L'évanouiſſement de la mere eſt un trait digne des plus grands Peintres, & vaut au moins le voile d'Agamemnon. Polixene ne ſemble-t-elle pas, malgré ſa douleur, aller à la mort en Héroïne, & dire comme Iphigénie :

Madame, rappellez votre vertu ſublime....
Eurybate, à l'Autel conduiſez la victime.

Ulyſſe lui-même a quelque choſe du caractere que le Poëte Tragique lui a donné ; le Peintre y a ajoûté ſeulement une dureté analogue à la circonſtance. C'eſt peut-être le ſeul des Tableaux d'Hiſtoire expoſés ici, qui ne gagneroit pas à être refait. Qu'en penſez-vous, M. Michel? Oui , dit l'Abbé, & toute la compagnie dit oui ; mais que fait là le chien?

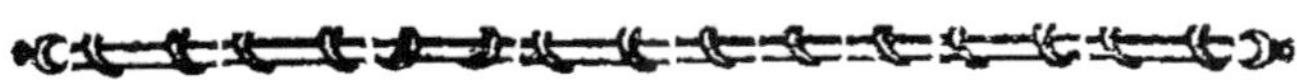

CHAPITRE VII.

Les Romains.

NOUS avons ici, dit le Gascon, plusieurs traits des Romains : j'aime ces gens, parce qu'ils étoient braves ; voyons-les.

Fabricius refuse les présens de Pyrrhus. Est-ce là, s'écria le Comte, est-ce là rendre un si beau trait ! O Fabricius ! Au lieu de ta simplicité noble ils t'ont donné le geste compassé d'un Histrion. Que ne t'a-t-on peint avec ta famille, assis autour de ton foyer rustique, ou cultivant ton petit jardin ! d'une main tu aurois montré aux Ambassadeurs de Pyrrhus ta bêche & ton rateau, où des légumes cuisant dans un pot de terre ; de l'autre tu aurois repoussé leurs vases d'or, & ce contraste, ton attitude, l'expression de ton visage auroient dit : je suis heureux avec ceci ; sacrifierai-je ma Patrie & l'honneur à des biens dont je n'ai pas besoin ?

A propos de Romains, ces bœufs là

bas en font-ils ? demanda Madame Valentin. Oui, Madame, ils font à l'Audience. A l'Audience je ne vois ni Avocats, ni Huiffiers, ni Procureurs. — Ils en tiennent lieu. — Ah ! tant mieux ! Les Romains avoient bien raifon de fe paffer de ces Meffieurs là. Mais pour me mettre plus au fait, lifez-moi le trait dont il eft queftion. Le complaifant Gafcon obéit, & l'on trouva les principaux perfonnages manqués, la confufion de l'adverfaire mal faifie, & plus mal rendue.

Albinus, s'enfuyant de Rome, offre fon char aux Veftales. On étoit honnête dans ce tems-là, dit Madame Valentin ; mais ce Monfieur Albinus n'a pas trop bonne façon pour un galant, & puis dans fon petit chariot rond il n'y a pas place pour beaucoup de monde ; s'il n'y fait monter que quelques-unes de ces Demoifelles, c'eft une impoli effe qu'il fera aux autres. Oh dame ! reprit le mari, il faut fe prêter aux circonftances. D'ailleurs on voit qu'il ne les attendoit pas là, car il a laiffé fon poftillon tout nud.

Courage de Porcia. On a befoin du livre pour s'en douter. Cependant ce Tableau demande de grands talens & de grands efforts : mais auffi pourquoi vont-ils chercher de pareils fujets ?

Il faut peindre Porcia difant : Brutus, tu peux aller au Sénat, tu peux mourir pour ton pays ; Porcia eft tranquille, elle vient d'effayer la mort, & elle eft fûre de ne pas te furvivre.

Ici ce n'eft pas tout cela. Les femmes pleurent, Brutus eft auprès de fon époufe, & le rafoir je ne fais où. Sans prétendre rendre exactement cette fcène, voici comme je m'y ferois pris : aux cris des femmes de Porcia, Brutus rentre avec précipitation, il voit fon époufe étendue fur un lit, la cuiffe découverte, & le couteau fanglant encore dans la plaie : d'une main elle lui préfente une Lettre où on lit ces mots : *Rome va être libre, ou dans les fers. Brutus ou Céfar périffent aujourd'hui* ; de l'autre elle lui montre le Capitole, & femble lui dire : pars, je t'attends. Ce Tableau du moins raconteroit mieux : mais il faut convenir que nous avons bien de la peine à peindre les Romains.

Oui, fandis ; cependant nous avons eu en France des gens qui les valoient : Venez, venez, je veux vous montrer un Romain de mon pays. Regardez ces deux gouaches & ce petit Tableau un peu plus loin. C'eft Henri IV, s'écria la compagnie ! Lui-même, reprit le Gafcon ; qu'en

dites-vous ? Les deſſins ſont corrects &
bien ordonnés. Oui, mais le Tableau me
fait plus de plaiſir, dit Julie, le déſeſpoir
de cette femme me paroît vrai & tou-
chant. Je ſens, ajoûta Verville, qu'à la
place du Héros il me ſeroit difficile de
n'en pas vouloir un peu à mon ami. Je
vous crois, reprit le Chevalier de Crac,
une femme en pleurs me gouverneroit
plus aiſément qu'une armée de cent mille
hommes, mais quand

L'honneur parle, il ſuffit, ce ſont-là nos Oracles.

En parlant de Vers, j'apperçois un Auteur qui lit ſon Poème. — Oh ! oh ! tout
l'Auditoire a l'air de bâiller. Si c'eſt une
faute, dit Julie, ce n'eſt pas celle du
Peintre.

CHAPITRE VIII.

Chacun ſon avis.

U N Connoiſſeur entendant la petite
Société juger & trancher à ſon aiſe,
s'approcha pour écouter : perſonne ne s'en
apperçut, & l'Abbé Michel reprit : voici
deux Tableaux qui font pendants ; l'un
eſt l'Abondance, l'autre la Paix. Je trouve
aſſez

affez plaifant que la Paix effaye de brûler un cafque d'airain avec un flambeau.

Je vois, dit le Gafcon, un Tableau de chaftes Veftales : on ne fe plaindra pas qu'elles foient rares, au moins en Peinture. Toutes les Veftales, continua l'Abbé Michel, ne devroient-elles pas avoir le même habit ? C'eft une faute qui nous eft échappée dans le Tableau d'Albinus.

Mon Coufin l'Abbé, nous avons là des Payfages à choifir, pour ceux qui les aiment. Je n'en fuis pas fou, répondit le Comte, c'eft un genre ufé, d'ailleurs peu intéreffant, & dans lequel, même avec du talent, on ne doit pas efpérer de fe faire un grand nom.

Ce Tableau de deux Epoux qui vont voir leur enfant en nourrice me femble affez mal peint : les couleurs en font épaif-fes & plaquées, les perfonnages ne fortent pas : quant au fujet, je n'en dirai rien, parce que des fentimens qui tiennent à un ufage auffi peu dans la Nature que celui de confier fes enfans à une femme mercenaire , ne doivent pas être fort naturels, & par conféquent ne peuvent toucher un homme raifonnable

Mais que vois-je ? La ceinture de Vé-nus brodée en or ? cette ceinture fi char-mante dans Homère ! Une broderie &

B

des franges d'or font-elles donc le vêtement de la volupté : J'aurois cru tout le
contraire.

Plus loin Jupiter s'endort dans les ca-
reffes de Junon. Ah ! dit Madame Valentin, c'eft fa femme, fans doute, que cette
Junon ! & il s'endort dans fes bras ! cela
eft bien d'un mari.

Julie fit remarquer à la compagnie le Tableau de la fête des Bonnes-gens ; elle le
trouva charmant. Mais pourquoi tous les
Nobles font-ils d'un côté, & les gens ver-
tueux de l'autre ? C'eft, reprit Verville, que
ces Nobles la veulent bien récompenfer
la vertu, mais qu'il ne leur fiéroit pas
d'être confondus avec elle.

Ici le Connoiffeur perdit patience. Je
vous écoute, Meffieurs, depuis affez long-
tems ; je ne vous ai pas entendu porter
un jugement felon les regles : vous vous
arrêtez à des petites fautes contre le
bon fens, & vous ne faites pas attention à la pureté du deffin, à la fraîcheur
du coloris, aux reflets, aux ménagemens
des ombres ; il n'y a pas de Tableau
ici qui ne foit un chef-d'œuvre. — Vous
pouvez avoir raifon, lui répondit le mo-
defte Verville ; mais nous penfons au-
trement : fi vous vous avez entendus, vous
favez pourquoi : on peut avoir chacun
fon avis.

CHAPITRE IX.

De quoi rit-il, le grand nigaud?

APRÈS avoir parcouru le côté du Roi, M. & Madame Valentin demanderent quartier à l'impitoyable Abbé Michel ; ils s'arrêterent au milieu du sallon, & le Gafcon profita du moment pour louer le favoir profond de M. Valentin. Sandis, j'ai beaucoup voyagé, mais je n'ai jamais rencontré homme qui fe gênât fi peu que vous pour juger les chefs-d'œuvres. — Baft ! je vous en aurois dit bien d'autres fans un grand Flandrin qui m'a fuivi pendant plus d'une heure, & qui fe mettoit à rire toutes les fois que j'ouvrois la bouche. Le voyez-vous là-bas ! le voilà encore qui éclatte en me regardant ! De quoi rit-il, le grand nigaud ? —Bon, bon, cela n'eft rien : vous allez vous venger, morbleu ! détrompez le Public qui a la fottife d'admirer les Vernet, les Hallé, les Lagrenée, les Vanloo, &c. &c. Coulez-moi tous ces gens-là à fond : à votre aife, Meffieurs les rieurs ; rira bien qui rira le dernier : avançons.

Le Cerf pris dans l'eau : voilà de ces bévues impardonnables. Le Cerf eſt le principal acteur de la Pièce, & on ne le voit preſque pas.

Le Thé dans le Sallon des Glaces. Bon Tableau ! j'y reconnais la modeſtie anglaiſe ; perſonne ne ſe mire, & les Glaces ne répètent aucun objet.

Béliſaire à qui on fait l'aumône. Il eſt aveugle, il eſt bienheureux : cela le diſpenſe de voir la figure glacée de ſon bienfaiteur.

Une jeune fille montre à ſa bonne amie la ſtatue de l'Amour. L'idée me plaît ; mais voilà deux femmes bien diſcrettes : elles ne nous diſent rien de ce qu'elles penſent de ce petit monſieur-là.

La Mère ſévère. Toute la compagnie s'arrêta avec complaiſance ſur ce Tableau ; paſſe encore pour cette grande fille ! Elle cherche à nous intéreſſer à ſes peines ; elle a l'attention de lever ſon tablier pour nous montrer un joli pied. D'honneur : c'eſt dommage de l'enfermer dans un ſabot. Mademoiſelle Julie regarda Madame Valentin, & trouva la figure de la mère excellente. Verville loua beaucoup l'attitude du père, & on admira ſur-tout l'intérêt qui règne dans toute la ſcène.

L'Aumône. Le ſujet eſt intéreſſant. La

figure de la mere qui épie l'ame de sa fille, eſt de la plus grande vérité : mais pourquoi les Pauvres y ſont-ils ſi bien vêtus ? Un accident ſubit vient de les ruiner. Mauvaiſe excuſe ; médiocrité. Le Peintre n'a forgé ce conte, que pour s'exempter de peindre les livrées de la miſere : craignoit-il de défigurer ſon tableau ? Des haillons valent au moins une belle draperie.

Le Mariage rompu. Bravo ! dit l'Abbé Michel. Voila des cataſtrophes, de grands mouvemens, du génie. --Ma fille, vois-tu M. le Curé, le Bedeau, le Sergent-Royal ? La figure impayable ! Le geſte du Vieillard eſt ſublime, diſoit Verville : mais l'attitude de l'Amante eſt bien froide. Il eſt vrai qu'elle ſe repoſe ſur ſes enfans pour fléchir leur pere. Combien de telles armes doivent lui inſpirer de confiance ! Et ſa figure n'a pas le caractere d'une confiance ſi intéreſſante. A la place du Prétendu, reprit M. Valentin, je crois que je ſerois mal à mon aiſe. Le Peintre l'a bien ſenti, reprit le Chevalier de Crac ; il ne pouvoit lui donner une attitude plus gênée.

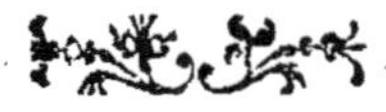

CHAPITRE X.

Ah ! que c'est bien raisonné !

VERVILLE & Julie s'arrêterent long-tems devant la Réponse Desirée. Après quelques momens de silence & d'admiration : Vous ne sauriez croire, dit-elle, combien j'aime les tableaux de ce genre : tous les Ports de mer du monde ne me disent rien ; il faut être Vernet pour les animer ; mais ceux-ci font autant d'honneur à l'ame du Peintre qu'à ses talens. —Eh quoi, mettriez-vous ce genre au-dessus de l'Histoire-? —J'en serois tentée-. —Pourquoi cela-? —Je n'en sais rien. Cette préférence se sent mieux qu'elle ne s'exprime-. —Mais, par exemple, la mort d'Adonis ne fait-elle sur vous aucune impression-? Julie arrêta les yeux sur ce tableau, & le jeune homme se mit à lui raconter les aventures du malheureux berger. —Votre récit & l'émotion que j'éprouve, me font trouver la raison de cette préférence que j'étois d'abord embarrassée de vous expliquer.- —Je vous entends ; vous aviez besoin, pour prendre prendre part à cette scène touchante, de connoître celles qui l'ont dû précéder, & le passé vous intéresse au présent. Un exemple me fera comprendre. Je compare la Peinture au genre dramatique : une scene de Tragédie peut être belle par elle-même : mais souvent elle doit beaucoup à celles qui l'amenent, & si on l'isoloit, elle feroit moins d'impression. Tel est le genre de la Fable & de l'Histoire. Au contraire dans une piece à tiroirs, l'intérêt de chaque scène est indépendant, & c'est le genre de Peinture que vous aimez avec raison. Car un Peintre n'ayant qu'une scene à rendre à la fois, doit choisir pour sujet celle qui n'a pas besoin d'être environnée.

Ah, que c'est bien raisonné ! cria M. Valentin. Mais que dites-vous de cette draperie qui enveloppe la Déesse ? Son amant est mort ! C'est prendre singuliérement son tems pour être chaste.

Il passerent ensuite au tableau de Pigmalion : grandes réflexions sur le pouvoir de l'Amour qui anime jusqu'aux statues.

Les Chevaliers qui vont chercher Renaud sont arrêtés par deux Nymphes. M. Valentin trouva assez plaisantes les agaceries de ces Demoiselles : mais le Gascon s'étonnoit de voir deux Guerriers transis de peur à l'aspect de jolies femmes.

Madame Valentin, qui avoit beaucoup regardé les Miracles de la forêt de Gros-Bois, tira son mari par la manche. Mon ami, vois-tu ce Remouleur? --Non, Madame, c'est l'Électricité. Verville pensa que le Peintre n'avoit choisi le moment de l'attente, que parce qu'il ne se croyoit pas capable de rendre celui de la commotion; & l'Abbé Michel se mit à expliquer à Madame Valentin les effets & les causes de la vertu électrique.

Laissons-le pérorer, dit Verville. Voici les adieux d'une Nourrice : je trouve ce tableau manqué aussi, bien que l'autre du même genre.

Ici, j'aurois voulu voir l'enfant se débattant dans les bras de sa mere, & appellant sa nourrice à grands cris. La pauvre Dame couverte de honte, & se repentant d'avoir perdu les prémices des caresses de son fils qui la méconnoît. Voilà ce qu'il falloit dire, & non pas..... Mais l'Abbé Michel s'avança d'un air grave, & lui frappant sur l'épaule :

Judicium Paridis spretæ que injuria formæ.

Vous avez raison, répondit Verville, en regardant le Jugement de Pâris. Mais le Peintre avoit surement oublié le *manet altâ mente repostum*, quand il peignit la figure de Junon.

Minerve faifoit-elle des tours de force ? cria M. Valentin , elle a un tortillement de jambe auquel je ne conçois rien. Enfin Madame Valentin prétendit que Páris auroit mieux fait de garder la pomme pour une meilleure occafion.

—Voyez-vous ces ruines, ces points de vue, ces payfages- ? —Oui , d t le Marchand, tout cela eft fuperbe. J'ai reconnu le Parc de Verfailles, les Galleries du Louvre & le Pont-Neuf ; mais franchement , je ne fuis pas curieux de vos antiquailles. J'aime mieux les décorations de la Foire Saint-Ovide.

CHAPITRE XI.

Les Excufes.

MA vue fe laffe de tant d'objets, dit le Chevalier de Crac, j'avale de la pouffiere, & me voilà tout en eau ; en vérité , Madame, je fuis défefpéré qu'on n'ait pas fongé à placer ici une falle de raffraîchiffemens, j'aurois eu la confolation d'en offrir à la compagnie. On lui fit de grands remercîments. Allons Madame. Meffieurs, reprit M. Valentin , ne perdons point courage ; nous n'avons plus qu'un côté à parcourir : voici du neuf.

La Philosophie découvre la vérité. Qu'en pense M. l'Abbé? --Ceci me paroît plaisant : donner à la Philosophie une sphere pour tout attribut? Quoi! ce n'est qu'en s'occupant de systêmes & d'hypotèses, qu'elle découvre la vérité-. --Sandis, je n'en suis pas surpris, on trouve tous les jours ce qu'on ne cherche pas-. --Soit : mais que direz-vous de la contrariété frappante que j'apperçois dans le même tableau. Le vêtement de la Vérité tombe de lui-même devant la Philosophie, & celle-ci le retient d'une main-. --C'est affaire de décence-.

--Gardez votre indulgence pour le Triomphe d'Amphitrite; il en aura besoin, La carnation m'en paroît fade, & les attitudes peu naturelles. Remarquez-vous combien Amphitrite a le teint pâle-. --C'est qu'elle sort du bain-. Julie, dans ce moment, demanda quelle étoit le tableau qu'elle montroit au doigt. --C'est l'enlevement de Céphale par l'Aurore-. --Pourquoi Céphale a-t-il une jambe plus courte que l'autre? Est-ce qu'il étoit boîteux-? --Non, Mademoiselle ; son enlévement l'effraie, & la frayeur fait retirer les nerfs: rien n'est plus naturel-. Au moins, nous ferons grace au Siege de Calais? Oui, dit l'Abbé Michel, on ne pouvoit mieux le placer que vis-à-vis des adieux de Poli-

xene à Hécube. --Mais le caractere d'Euf-
tache de Saint-Pierre, ne dégrade-t il pas
celui d'Edouard-? --Non. L'attitude d'un
malheureux qui brave la mort, doit être
plus fublime que celle d'un Roi qui par-
donne. --Courage, M. le Chevalier, les
Peintres vous auront de grandes obliga-
tions, vous excufez adroitement leurs dé-
fauts-.

On paffa fucceffivement au Devoir Fi-
lial; au Repos du bon Pere; à la Pâtif-
ferie Bourgeoife. Le premier tableau fut
loué. On foutint que dans le fecond la
grande fille n'étoit pas en fcene, qu'elle
parloit plutôt au fpectateur qu'à fa fœur,
mais fa figure parut fi jolie fous le bavolet,
qu'on pardonna au Peintre d'avoir voulu
la faire admirer. Le troifieme fut trouvé
d'un genre niais. On prétendit que les perfonnages grimaçoient aulieu de rire : & le
Gafçon voulant paffer pour gourmet, fit
une digreffion fur les pâtés d'Amiens.

CHAPITRE XII.

Nos jugemens en valent bien d'autres.

PARBLEU, dit M. Valentin, c'eft affez
juger par nous-mêmes : nous avons fait,
en peu de tems une furieufe dépenfe d'ef-

prit, fans nous en apparcevoir. Ecoutons
à notre tour, & voyons fi les premiers qui
entreront jugeront auffi aifément que
nous. Il ne s'attendoit pas à fi forte partie.
Le premier qu'il vit monter, fut un joli
Marquis donnant la main à une femme à
rouge & à diamans : Ah, Marquis, s'é-
cria - t - elle, en entrant : regardez-là à
droite ; je crois que voilà ma pauvre Sul-
tane, ma petite Levrette : fi elle n'étoit
pas morte.... Ne rappellons pas vos dou-
leurs, Madame : elle étoit charmante. Le
Peintre a voulu furement faire fon apo-
théofe : il ne pouvoit choifir de fujet plus
intéreffant.

Plus loin Alcefte... Oui, c'eft la fcene
de l'Opéra ! Que cela eft froid ! eft-ce-là
ce morceau qui a penfé me faire trouver
mal ? Pourquoi donc ne me fait-il pas
la moindre impreffion ? --Pourquoi ? Madame, c'eft qu'à l'Opéra les Acteurs chan-
tent la mufique de Gluck, & que ceux-
ci ne difent rien.

Le Bourgeois ne comprit rien à ce mau-
vais bon mot, & laiffa-là nos gens de qua-
lité pour fe remettre dans la foule. Il en-
tendit nommer Saint-Jerôme : oh, oh,
dit-il, c'eft mon patron, je fuis fâché
qu'on l'ait endormi au milieu de fes mé-
ditations. Oui, mais là bas on le réveille,
répondit le Gafcon, en montrant le n° 191.

Beaucoup de gens approuvoient tout, ſans ſavoir pourquoi ; d'autres n'approuvoient rien , & n'en ſavoient pas davantage. Voici, diſoit un Connoiſſeur, un Mariage antique, dont les perſonnages ont les bras trop gros & trop longs, faute ordinaire à l'Artiſte qui en eſt l'Auteur : j'eſtime Perſée délivrant Andromede ; Renaud rompant le charme de la forêt ; Ulyſſe implorant Nauſicaë, & ſur-tout ces grappes de raiſins.

Un vieux ſoldat s'écrioit à la vue d'un Corps-de-Garde , que le Peintre n'avoit jamais ſervi le Roi. S'il avoit quelque idée d'un Corps-de-Garde, il ſauroit qu'on y trouve ordinairement plus de quatre ſoldats , que pendant que ceux-ci dorment, ceux-là jouent, un autre fait ſauter ſon chien : un vieux parle de ſes campagnes , & ſur-tout perſonne n'y fait la débauche. Vous avez raiſon , mon camarade , dit le Gaſcon ; mais, baſte, un Peintre n'eſt pas obligé de ſavoir, comme nous, ſon code militaire.

Enfin, M. Valentin après avoir fait le tour de la ſalle, & entendu des jugemens de toutes couleurs , conclud, comme cela devoit être , que perſonne ne s'y connoiſſoit mieux que lui. Bravo , pourſuivit-il , en rejoignant ſa compagnie , tout comparé, nos jugemens en valent bien d'autres.

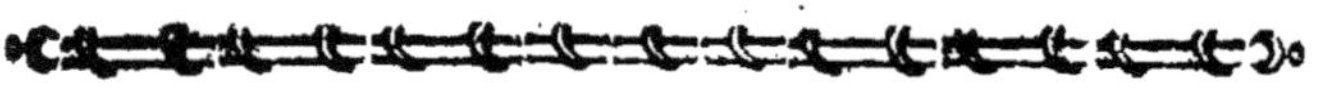

CHAPITRE XIII.

Les Catastrophes.

LA vanité donne du courage. Le Marchand perſuadé de la ſupériorité de ſa critique s'apprêtoit à l'exercer de plus belle.

Nous avons laiſſé derriere beaucoup de tableaux : quoique je ſois un peu fatigué, revenons ſur nos pas. Je vois déjà... Non, je ne vois pas trop, dit-il, en mettant ſes lunettes. Un flux ſurvient, un mal-à-droit le coudoie. Morbleu, voilà mes lunettes par terre. Le Gaſcon s'élance : il n'étoit plus tems. Elles étoient caſſées.

Le diable s'en mêle. --Dites le Dieu de la Peinture, jaloux des leçons que vous donnez à ſes éleves ; ſoumettons-nous : cédons au ſort-. --Il le faut bien : je ne ſaurois voir ſans lunettes, & je ne puis juger ſans voir. Que cela eſt piquant ! Allons, dit-il à ſa femme & à ſa fille, d'un ton fâché : allons-nous-en, j'ai caſſé mes lunettes-. --Et moi, j'ai perdu mon éventail-!... Moi, mon gant-!... --Moi, mon mouchoir-!... --Moi, ma calotte ! Allons-nous-en. On s'accábla de complimens réciproques, & il n'y eût perſonne dans la ſociété, qui, en diſant aux autres qu'ils

avoient beaucoup d'efprit , ne crut en avoir
cent fois davantage. Julie feule , trouvoit
Verville plus connoiffeur qu'elle , & Verville fentoit que fans Julie il l'eût été beaucoup moins.

CHAPITRE DERNIER.

Il eft deux heures.

COMME les malheurs arrivent ! répétoit
lamentablement Madame Valentin. --Qui
le fait mieux que moi, dit M. de Crac,
toute ma vie n'en fut qu'un tiffu : un de
mes châteaux s'écroula l'an paffé : depuis
foixante & douze, dans une lieue de vi-
gnes, je n'ai pas fait un quartaut ; hier encore, il me mourut une petite jument
baie-brune , qui valoit fon pefant d'or,
mais on fe confole de tout. Sans doute,
reprit M. Valentin, & ce qui me confole d'avoir perdu mes lunettes, c'eft que
je n'en ai pas befoin pour juger les quatre
ftatues.

Celle-ci me paroît bonne. Oui, dit Verville : c'eft un chef-d'œuvre. Mais on pré-
tend que l'Artifte a voulu donner à l'atti-
tute du Chancelier , & à l'expreffion de
fon vifage un caractere de fermété. --Qu'il
l'ait voulu, d'accord, mais il ne l'a pas

fait, avec raifon, il eût manqué fon plus beau trait : la férénité d'un homme qui voit venir la mort, eft le comble de la fermété.

Madame Valentin demanda, en montrant Fénelon, fi cet Abbé-là avoit de l'efprit. La queftion ne fait pas l'éloge du morceau, répondit Verville. Sully ne plut pas davantage. --N'êtes-vous pas content de tout ceci ? prenez des cartes, On rit beaucoup du calembour.

Le Gafcon voyant nos gens en belle humeur, crut le moment favorable.--Quelle difgrace, M. Valentin, je ne puis m'arrêter plus long-tems : il eft deux heures, & je dîne au Marais-... --Au Marais. Vous n'y penfez pas. Nous dînerons tous enfemble chez le Suiffe des Thuileries. Pourquoi nous féparer : foyez des nôtres-. --Puifque vous le voulez, dit le Gafcon, je n'infifterai pas davantage. Allons dîner.

F I N.

Lu & approuvé, ce 13 Septembre 1777.

De Sauvigny.

Vu l'Approbation , permis d'imprimer , ce 16 Septembre 1777.

LE NOIR.